A PROPOS

DE

L'ELECTION DES JUGES

DE LA

COUR PERMANENTE DE JUSTICE INTERNATIONALE

8° E.

1293

A PROPOS

DE

L'ÉLECTION DES JUGES

DE LA

COUR PERMANENTE

DE JUSTICE INTERNATIONALE

ASSOCIATION JAPONAISE

POUR LA

SOCIÉTÉ DES NATIONS

N° 1, Uchiyamashita-Cho, I. Kojimachi, Tokyo.

1921

A PROPOS

DE

L'ÉLECTION DES JUGES

DE LA

COUR PERMANENTE DE JUSTICE INTERNATIONALE

———

Dans sa deuxième session, qui doit se réunir à Genève le 5 septembre, l'Assemblée de la Société des Nations aura à procéder, concurremment avec le Conseil, à l'élection des juges de la Cour permanente de justice internationale.

La Cour permanente de justice internationale, destinée à continuer, en la perfectionnant et en lui assurant une stabilité jusqu'alors inconnue, l'œuvre de la Cour d'arbitrage instituée par les conférences de La Haye de 1899 et de 1907, a été appelée à l'existence par la résolution adoptée à l'unanimité par l'Assemblée de la Société des Nations dans sa séance du 13 décembre 1920, conformément aux articles 13 et 14 du pacte de la Société des Nations. Il n'est pas nécessaire d'insister sur l'importance de la création d'une Cour permanente de justice internationale dans l'intérêt du maintien de la paix par le développement du droit international et la substitution des moyens juridiques à la force des armes pour le règlement des conflits entre les États. L'humanité tout entière est intéressée au bon fonctionnement de la Cour, à ce que l'autorité et l'impartialité de ses jugements ne puissent être mises en doute et à ce que les sentences qu'elle prononcera soient considérées comme l'expression même du droit. C'est dire que la composition de la Cour est de toute première importance.

Le statut adopté par l'Assemblée de Genève dans sa séance du 13 décembre prescrit que la Cour permanente de justice internationale est un corps de magistrats indépendants, élus, sans égard à leur nationalité, parmi les personnes jouissant de la plus haute considération morale, et qui réunissent les conditions requises pour l'exercice, dans leurs pays respectifs, des plus hautes fonctions judiciaires ou qui sont des jurisconsultes possédant une compétence notoire en matière de droit international.

La Cour se compose de quinze membres, onze juges titulaires et quatre juges suppléants. Ces membres sont élus par l'Assemblée et par le Conseil sur une liste de personnes présentées par les arbitres de chaque pays à la Cour d'arbitrage, constitués dans ce but en groupes nationaux. Chaque groupe ne peut désigner plus de quatre candidats, dont deux au plus de sa nationalité. Avant de procéder à cette désignation, chaque groupe national doit consulter la plus haute Cour de justice du pays auquel il appartient, les Facultés et Écoles de droit, les Académies nationales et les sections nationales d'Académies internationales vouées à l'étude du droit.

L'Assemblée et le Conseil procèdent, indépendamment l'une de l'autre, à l'élection parmi les candidats ainsi désignés. Sont élus les candidats qui ont obtenu la majorité absolue à la fois dans le Conseil et dans l'Assemblée.

Sur quels principes se baseront les membres du Conseil et de l'Assemblée pour effectuer leur choix? Ils s'efforceront évidemment de désigner parmi les candidats ceux qu'ils considéreront comme les plus dignes, par leur caractère, leur science et leurs travaux antérieurs. Mais l'article 9 du statut leur prescrit aussi de voter de manière à assurer la représentation des grandes formes de civilisation et des principaux systèmes juridiques du monde.

La Cour de justice internationale aura en effet à résoudre des litiges qui pourront s'élever entre les nations du monde entier, c'est-à-dire entre nations appartenant à des nations civilisées très différentes et ayant des conceptions morales, philosophiques et juridiques parfois très dissemblables. La Cour devra donc se composer de personnalités capables de tenir compte de ces divergences essentielles provenant de la différence des cultures. Les juges, si l'on veut que la Cour soit à la hauteur de la tâche délicate qui lui incombera, devront avoir une connaissance approfondie de l'histoire, des usages, des mœurs, de la psychologie, en un mot de la civilisation particulière de chacun des pays dont ils seront appelés à trancher un jour les différends.

Or, quels sont ces grandes formes de civilisation et ces principaux systèmes juridiques dont la représentation doit être assurée? Il serait vain d'essayer d'en faire une énumération complète, mais il semble qu'à côté de la civilisation européenne et de ses divers systèmes juridiques qui sont assurés d'ores et déjà d'une représentation prépondérante, une place doive en tout cas être faite à la civilisation asiatique qui, dans le domaine de la philosophie, de la morale et du droit, a contribué pour une part importante aux progrès intellectuels de l'humanité. On ne concevrait pas que le haut objectif auquel répond l'institution de la Société des Nations et la création de la Cour permanente de justice internationale pût être atteint si les peuples de civilisation asiatique devaient être privés de représentants dans cette Cour.

Parmi les peuples de l'Asie, il n'est pas besoin d'insister sur la position toute spéciale qu'occupe le Japon. De tous les peuples d'Extrême-Orient, le Japon est celui qui a accompli les progrès les plus rapides et les plus considérables dans les divers ordres de l'activité humaine, non seulement dans l'ordre militaire et naval, mais aussi dans l'ordre scientifique et intellectuel.

Mais le Japon ne se recommande pas seulement à l'attention des autres États par les progrès qu'il a accomplis, il se recommande également par le caractère original de sa civilisation qui est la plus représentative de l'Asie. Sur sa religion nationale, le shintoïsme, se sont greffés, depuis la plus haute antiquité, les enseignements de Confucius et ceux du bouddhisme. Pendant une longue suite de siècles, le Japon a puisé à la même source que la Chine et les pays limitrophes ses principes de philosophie et de morale; la doctrine de Confucius et des grands penseurs qui l'ont précédé et suivi a été la base de l'éducation des lettrés; la même inspiration, servie par l'usage des mêmes caractères, a assuré à la civilisation des divers peuples de l'Asie

Orientale une certaine unité. Le Japon se trouve ainsi particulièrement qualifié pour comprendre et interpréter les sentiments de ces peuples auxquels le relie la même culture originale.

Dans le domaine juridique, le Japon possède également une originalité qui lui est propre. Lorsque, après la restauration de 1868, il est entré dans la voie du rapprochement avec les nations occidentales, il a étudié les divers systèmes juridiques des peuples de l'Europe et de l'Amérique pour leur emprunter ce qu'ils avaient de meilleur et les adapter aux institutions et aux coutumes traditionnelles ; dans cette œuvre de réforme, les jurisconsultes les plus qualifiés lui ont prêté l'appui de leurs conseils et de leur expérience. Le Japon est ainsi devenu une terre d'élection pour l'étude du droit comparé. Lorsque les autres peuples de l'Asie sont, à leur tour, entrés dans la même voie, ils ont fait tout naturellement appel à l'expérience acquise par le Japon. L'Université de Tokio est devenue le point de ralliement des étudiants de l'Asie Orientale, et les gouvernements des divers États de l'Extrême-Orient ont fait appel à la science des jurisconsultes japonais pour la réforme de leurs institutions et de leurs codes. C'est ainsi qu'en Chine, sous le gouvernement de Yuan-Chi-Kai, le professeur Ariga a été chargé de l'élaboration des lois constitutionnelles, tandis que le professeur Okada était chargé de codifier les lois criminelles et le professeur Shida les lois civiles et commerciales. De même au Siam, le professeur Masao a apporté sa collaboration à l'élaboration de la Constitution et des divers Codes civil, criminel, de procédure, etc...

Au point de vue particulier du droit international, les jurisconsultes japonais ont acquis une compétence particulière dans un domaine qui est de nature à amener les sujets de contestations les plus fréquents entre peuples de civilisation différente et inégale : Nous voulons parler du régime de l'exterritorialité et de la juridiction consulaire. Ce régime, qui soustrait les ressortissants des puissances étrangères aux lois et à la juridiction des autorités du pays dans lequel ils résident et qui constitue pour le pays qui le subit la marque d'une infériorité dont il aspire à se libérer entraîne les conflits les plus variés. Le Japon, qui a subi ce régime jusqu'en 1897, a appris à en connaître toutes les conséquences et toutes les répercussions; il a fait dans ce pays l'objet d'une étude approfondie. Comme il est certain qu'un grand nombre de litiges seront portés devant la Cour permanente de justice internationale par les pays dans lesquels ce régime subsiste, il y aurait un grand avantage à voir figurer, parmi les juges de la Cour, un représentant du Japon dont les ressortissants bénéficient maintenant, en certains pays, du régime d'exterritorialité après l'avoir subi autrefois chez eux, et où les juristes ont, par suite, appris à envisager successivement à un double point de vue les problèmes que ce régime soulève.

Le Japon présente au suffrage du Conseil et de l'Assemblée de la Société des Nations le nom de M. Ota, professeur de droit international à l'Université de Kyoto. Ce savant distingué a été désigné, conformément aux articles 4, 5 et 6 du statut de la Cour permanente de justice internationale, par les arbitres nommés par le gouvernement japonais auprès de la Cour d'arbitrage de La Haye : le baron Shidehara, ambassadeur à Washington ; le baron Hozumi, représentant de l'Académie de Tokio, et M. Tomii, membre du Conseil privé, professeur honoraire de l'Université. En l'absence du baron Shidehara que ses fonctions retiennent à Washington, MM. Hozumi et Tomii ont présidé aux consultations, prévues par l'article 5, de la Cour de cassation, des diverses Universités et Académies de droit et, se conformant aux avis qu'ils avaient recueillis, ils ont désigné comme candidat le professeur Ota. Ce professeur occupe au Japon la plus haute situation, il a consacré sa vie à l'étude du droit international qui fait l'objet de son enseignement, et on lui doit de nombreux ouvrages qui font autorité parmi les hommes de science.

En résumé, pour atteindre le but élevé que poursuit la Société des Nations de diriger l'humanité dans la voie du progrès en assurant le maintien de la paix entre les États, but auquel l'institution de la Cour permanente de justice internationale doit apporter une première et efficace contribution, il est nécessaire d'obtenir la collaboration de tous les peuples du globe. Pour fonder la justice internationale sur une base inébranlable, il faut éviter de la faire apparaître comme l'expression des conceptions d'une race dominante et lui donner un caractère d'universalité, comme l'ont reconnu les rédacteurs de l'article 9 du statut de la Cour. L'article 31, qui permet à toute partie de désigner un juge de sa nationalité, lorsque la partie adverse en possède un, ne constitue à cet effet qu'un remède bien insuffisant. Même dans des litiges qui ne concerneront que des puissances européennes, les arrêts qui seront rendus par la Cour constitueront des précédents et contribueront à fixer la jurisprudence; pour que cette jurisprudence acquière une autorité absolue et mondiale, il est hautement désirable que des représentants de toutes les races et de toutes les parties du globe collaborent à son établissement.

Le Japon, comme nous l'avons montré, est particulièrement qualifié pour contribuer au rapprochement des diverses formes de civilisation et réunir les conceptions dans une synthèse commune qu'il a déjà réalisée chez lui. D'une part, sa religion, sa philosophie, son histoire, ses plus antiques traditions, le relient aux autres nations de l'Asie; de l'autre, ses institutions politiques, son organisation administrative et juridique, son développement scientifique et intellectuel le rapprochent des nations de l'Europe et de l'Amérique. Il a acquis ainsi, et tout particulièrement dans l'étude du droit, un esprit éminemment international.